让我们远离“路怒症”

公安部道路交通安全研究中心 编

人民交通出版社股份有限公司
China Communications Press Co.,Ltd.

内 容 提 要

本书介绍了愤怒驾驶行为的主要表现形式及危害，包括违法变更车道，阻止他人变道，强行加塞，甚至故意用不安全或威胁安全的方式驾驶车辆等行为。本书还通过相关自测表介绍了愤怒驾驶行为的产生原因及防范技巧，并列举了国外相关法律法规。

本书可供各类驾驶人群，尤其是具有愤怒驾驶倾向的驾驶人学习使用。

图书在版编目（CIP）数据

让我们远离“路怒症”/公安部道路交通安全研究中心编. — 北京：人民交通出版社股份有限公司，2017.4

ISBN 978-7-114-13758-7

Ⅰ.①让… Ⅱ.①公… Ⅲ.①汽车驾驶员－行车安全－研究 Ⅳ.①U471.3

中国版本图书馆CIP数据核字（2017）第074168号

Rang Women Yuanli Lunuzheng

书　　名：让我们远离“路怒症”
著 作 者：公安部道路交通安全研究中心
责任编辑：杨丽改
出版发行：人民交通出版社股份有限公司
地　　址：（100011）北京市朝阳区安定门外外馆斜街3号
网　　址：http://www.ccpress.com.cn
销售电话：（010）59757973
总 经 销：人民交通出版社股份有限公司发行部
经　　销：各地新华书店
印　　刷：中国电影出版社印刷厂
开　　本：880×1230　1/32
印　　张：1.5
字　　数：35千
版　　次：2017年4月　第1版
印　　次：2017年4月　第1次印刷
书　　号：ISBN 978-7-114-13758-7
定　　价：10.00元
（有印刷、装订质量问题的图书由本公司负责调换）

编　写　组

组长：李晓东

成员：刘　艳　丛浩哲　王峻极　赵文松

赵司聪　刘　菁　索子剑　赵洹琪

顾问：黄金晶　周志强

本书为道路交通安全公安部重点实验室开放基金资助项目“我国路怒症驾驶群体心理行为特征及干预方法研究”（项目编号：2016ZDSYSKFKT02-2）的部分研究成果。

前　言

汽车的发明和普及，改变了人们的生产生活方式，也加快推动了经济社会的发展，在给人们带来巨大便利的同时也带来了交通事故、道路拥挤、尾气污染，以及不良驾驶情绪，特别是驾驶愤怒，也称“路怒症”。近年来，有关“路怒症”引发的交通冲突、交通事故甚至刑事案件频见报端，“路怒症”的危害逐渐引起社会公众的广泛关注。因此，公安部道路交通安全研究中心编写了这本手册，旨在更好、更深入地开展全民交通安全宣传教育，预防和减少路怒引发的安全问题，增强全民交通安全意识、文明意识和法律意识。

“路怒症”是诞生在汽车时代的一个词汇。本手册再现了人们曾经看到过甚至亲身经历过的常见路怒行为，并剖析了这些行为产生的原因和危害，提出了预防和缓解“路怒症”的方法。

希望大家认真阅读这本手册，并把它推荐给您周边的驾驶人朋友。通过它，了解“路怒症”带来的危害，并针对性地开展防范，培养文明健康驾驶行为，构建和谐有序交通环境。让我们一起携手来实现这个愿望，现在就从抵制愤怒驾驶行为开始吧！

目　录

一、什么是路怒 …… 1

二、有哪些攻击性或愤怒的驾驶行为 …… 4

1. 违法变更车道 …… 4

2. 随意快速超车 …… 6

3. 阻止他人变道 …… 9

4. 追逐竞驶 …… 12

5. 频繁闪灯鸣笛 …… 14

6. 下车争执甚至大打出手 …… 16

7. 故意制造碰撞事故 …… 18

三、为什么会产生愤怒驾驶行为 …… 21

1. 驾驶人自身心理情绪波动 …… 21

2. 受他人不当驾驶行为刺激 …… 23

四、如何避免攻击性驾驶或愤怒驾驶 …… 26

1. 提升驾驶技巧，避免主动诱发冲突 …… 26

2. 谨慎驾驶，避免被动涉及冲突 …… 27

3. 提升情绪自控能力 …… 29

五、相关法律解读 …………………………………… 33
1. 交通违法行为：未按规定变更车道 ……… 33
2. 交通违法行为：违反禁止标线
指示行车规定 ……………………………… 33
3. 治安违法行为：故意别车、追逐
他人等构成寻衅滋事 ……………………… 34
4. 危险驾驶罪 ………………………………… 35

一 什么是路怒

路怒，顾名思义就是带着愤怒情绪去开车，指汽车或其他机动车驾驶人具有攻击性或愤怒的驾驶行为。这一词语源于20世纪80年代，产生于美国。2006年底，“路怒”这个词出现在“年度华语地区中文新词榜”上，第一次正式在中国媒体上出现，引起了人们的注意，2015年四川成都男驾驶人暴打女驾驶人事件将社会对路怒的关注推向了最高点。“路怒”一词现在已经被收入新版牛津词语大辞典，用以形容在交通阻塞情况下开车压力与挫折所导致的愤怒情绪。

路怒行为包括：粗鄙的手势、言语侮辱、故意用不安全或威胁安全的方式驾驶车辆或实施威胁等。路怒不仅会对其他道路交通参与者的安全造成威胁，有时无辜的同车乘客也会遭殃。医学界把“路怒症”归类为阵发型暴怒障碍，指多重的怒火爆发出来，猛烈程度让人大感意外。“路怒症”发作的人经常会口出威胁语言、实施威胁行为甚至故意毁损他人财物。研究表明，相当多的驾驶人都有这些症状，但并非每个有这些症状的驾驶人都明白这是一种病态。

路怒行为不仅容易酿成交通事故，对自身生命与财产安全造成严重威胁，还可能严重危及公共安全，干扰社会秩序。带有愤怒情绪的驾驶行为甚至攻击性驾驶行为可能或多或少地出现在每个人身上，犹如一颗定时炸弹威胁着人们的安全，也是现阶段对我国文明交通的一大考验。

测一测：您是否有路怒倾向？

让我们来做个调查：请您在下列选项中选择符合自己的一项，每项对应一个分数，最后求和计算总分，对应您的自测结果。测一测您有路怒倾向吗？

序号	项　目	经常	偶尔	从不
1	驾驶时曾“骂人”			
2	驾车情绪曾失控，一点堵车或碰擦就有动手的冲动			
3	曾跟别人“顶牛”，故意拦挡别人进入自己车道			
4	开车时和不开车时的脾气、情绪完全不同			
5	前面车辆行驶稍慢时曾不停闪灯、鸣笛			
6	曾采用危险方式驾驶，包括突然制动或加速、跟车过近等			

续上表

序号	项　　目	经常	偶尔	从不
7	遇到不守规矩的驾驶人，曾有教训或报复的心理			
8	曾强行切入别人的车道，故意加塞			
9	曾下车挑衅其他驾驶人			
10	看到别人违法驾驶，即使没有影响到自己也曾动怒			

“经常”=“3分”，“偶尔”=“1分”，“从不”=“0分”。

0～6分：您是一个较为文明规范的驾驶人，希望通过这本手册，能让更多人向您学习！

7~15分：您已经出现路怒情绪倾向，请仔细阅读这本手册，规范自己的驾驶行为，相信您会做得更好！

16~21分：您已经成为一名愤怒驾驶人，很可能造成严重交通事故，为了您和您的家人，请尽快阅读这本手册！

二 有哪些攻击性或愤怒的驾驶行为

攻击性驾驶是路怒的一种表现形式，也是路怒的主要诱因。攻击性或愤怒的驾驶行为多种多样，本手册选择了5类最常见、最典型、最容易发生冲突、最让人深恶痛绝的攻击性驾驶行为和2类严重的路怒行为。来看看您平时开车时是不是有这些问题：

1 违法变更车道

违法变更车道即通常所说的“加塞”。当交通状况不佳时，车辆在多车道内斜插猛拐，或无视后车情况强行变更车道。违法变更车道容易造成交通堵塞或者后车避让不及，引发他人路怒情绪，造成道路通过率大大降低，或引发碰撞剐蹭等交通事故。

典型案例

地点：四川成都　　　　**时间：**2015年5月3日

事发时，女驾驶人卢某处于第二车道，开启右侧转弯灯向男驾驶人张某所在第三车道变道，而后张某变道行驶到卢某左侧，卢某则也向左转动转向盘，张某顺势向左偏。短时间内卢某连续变更两条车道、多次超车并逼停张某。在5s之内，两车几乎呈“S”形并排向前行驶。

随即，张某开车将卢某逼停，并冲到卢某轿车驾驶室旁，伸手和车内卢某发生撕扯。张某在两次试图拉开卢某车门失败后，从卢某车门内侧将车门打开，将其拖出来摔在地上。事后，有网友发现卢某的车至事发时交通违章竟有20余次，以往驾驶记录一向不好，舆论对卢某的谴责声音开始猛增。

2015年8月21日，成都市锦江区人民法院对备受社会关注的“男司机暴打女司机”一案一审公开宣判，以故意伤害罪判处被告人张某有期徒刑8个月，缓刑1年。.

案例点评

国外高速公路上曾有这样一条标语：CHANGE LANE，CHANGE LIFE（变一次道，玩一次命）。一些驾驶人能很熟练地变道，但这样的驾驶人是不成熟的。对于违法变道，很多驾驶人都有切身感受，任意穿行、灵活多变的“蛇行”交通形态，已成为早、晚高峰时段城市道路上最明显的一种交通违法行为。“图快”是违法驾驶人的主要心理原因，然而大多数人却未真正意识到这是一种害人害己的行为，成都女驾驶人被暴打的起源就在于这种危险的、惹怒后车的攻击性驾驶行为。

守法小链接

驾驶机动车变更车道前应开启转向灯，并只能在相邻两车道内变更车道一次，尽量减少变更车道次数。注意在附近车道车流密集，需占用应急车道变更车道的情况下不要变更车道。

2 随意快速超车

随意快速超车即不考虑前车情况随意超车，造成周围车辆避让不及或者引发斗气竞速行为。随意快速超车，很有可能引发车辆失控，导致车辆相撞等交通事故。

典型案例

地点：安徽芜湖　　　　**时间：**2015年11月

单某驾驶一辆白色小轿车行驶在安徽芜湖的长江大桥上，连续超越两辆大车之后，突然在桥面上90°左转弯直接冲向对向车道，与对向车道上一辆正常行驶的小型载货汽车相撞，巨大冲击之下小轿车车身被撞成180°大转弯，车头部位冒浓烟。监控显示小轿车在桥面的行驶完全是“S”形轨迹。

据民警介绍，当时，驾驶人单某驾驶白色小轿车，在不具备超车条件的情况下，强行超车，导致单某轿车后部与前方同向行驶的大客车右侧发生碰撞。碰撞后，白色小轿车失控逆向行驶到对向车道，与对面行驶的小型载货汽车发生迎面碰撞，从而引发事故。

案例点评

随意快速超车不仅会给超车者带来危险，还会引发被超者的怒火，引发追逐竞驶等后续危险驾驶行为。例如在路上开车时，后车几乎贴着前车的反光镜快速超过，不仅使前车驾驶人受到惊吓，更是对前车驾驶人的挑衅。因此，驾驶人必须警惕和避免随意快速超车这种严重愤怒驾驶行为。

守法小链接

超车时，应当提前开启转向灯，鸣笛加挡提速，告知前车，向靠左车道快速超车并及时驶回原车道。切忌在窄桥、弯道、陡坡、隧道、应急车道以及前车在超车时进行超车。

3 阻止他人变道

阻止他人变道即常说的“别车”，在不考虑后车情况下强行提速阻止后车超车，造成超车车辆无法变更车道。此类情况下，不仅容易引发双方驾驶人情绪急躁，更容易导致竞速驾驶，造成交通事故。

典型案例

地点：北京房山　　　**时间：**2015年7月5日

2015年7月5日，早上6点半左右，在房山区城关镇京周路公交车站附近，两辆轿车高速驾驶，出现别车现象，造成两辆车冲向公交站台，致使5人不幸身亡。

事发时，一辆白色轿车与一辆灰色轿车在最外侧车道上高速行驶，车速达到130~140km/h。行驶过程中，灰色轿车突然右转，插到白色轿车前面。白色轿车向右急转，在冲向路边沟渠时撞倒一名中年男性。灰色轿车则直接冲向路边站台，站台上的3位行人和路边的1位环卫工人被撞倒在地。

两车驾驶人因涉嫌以危险方法危害公共安全罪，被房山警方刑事拘留。

根据《刑法》，以危险方法危害公共安全罪是比交通肇事罪更严重的罪刑，属于刑法重罪范畴，尚未造成严重后果的处3年以上10年以下有期徒刑，造成严重后果的处10年以上有期徒刑、无期徒刑或者死刑。

案例点评

在稍微拥堵一些的路段经常发生前车故意阻碍后车通行，或者后车在超车过程中故意阻碍被超车辆正常行驶的别车行为。“我就不让你”“凭什么让”“你撞你全责”等是这种攻击性驾驶人的普遍心态，此类事故一般为相互剐蹭，但是小事故，麻烦大，多点平和，多点礼让，多点守法，道路才能更加通畅、文明、安全。

守法小链接

行车中驾驶人都要遵守交通规则，按序排队通行。超车一方如因道路设置或个人原因确实需要超车时，应开启转向灯示意，被超车一方可以视情况适当降速，让超车车辆快速进入前方，相互礼让，避免发生冲突。

4 追逐竞驶

追逐竞驶即驾驶人在道路上驾驶机动车，以其他车辆为追逐对象，或者以较短时间通行某段道路为目标，采取超过规定时速行驶、相互追逐、曲线穿行等方式，竞时竞速竞技行驶。追逐竞驶中，车辆速度往往过快，发生交通事故的概率随之提高、后果往往也更严重。

典型案例

地点：重庆江北　　　**时间：**2016年1月13日

2016年1月13日晚，重庆市江北区万兴路，一辆黑色SUV变道时别了一辆白色轿车，随后短短70s内，黑色SUV和白色轿车竟相互别车4个回合。起初，SUV在前，轿车在后，两车正常行驶。随后，轿车向右变道，前方SUV也突然向右变道，两车险些相撞。轿车紧急制动，驶回原车道。

让人始料未及的是SUV在未开启转向灯的情况下又突然向左变道，堵在轿车前方，逼其减速。轿车只好开启转向灯向右变道，前方SUV也跟着向右变道，轿车只能再次向右变道，与SUV并行。然而，SUV却强行向右挤去，这次轿车驾驶人没有减速和退让，坚决不让SUV挤到自己的车道上来，导致两车发生剐蹭。后经民警现场取证调查，轿车车主赔偿SUV车主500元修车费。

案例点评

追逐竞驶，情节较轻的是开“斗气车”，如上述案例。开“斗气车”往往包括多个违法行为和多个愤怒驾驶行为，你超我，我必须超回来，你别我，我不能让你，最后双方都是受害者。追逐竞速情节严重的就是“飙车”，在高速公路上，“飙车”案例时常发生，导致的事故后果也更加严重。

守法小链接

追逐竞驶情节恶劣的已经以危险驾驶罪入刑，面对拥堵的交通环境，道路上一些非刻意的小误会、小摩擦在所难免，“退一步海阔天空”同样适用于我们的日常行车。只要对方不是故意为之，我们又何必不依不饶，即使遇到挑衅，也不能用生命去争高低。放平心态、做好自己、包容他人，才是我们应该提倡的。

5 频繁闪灯鸣笛

部分驾驶人在遇到前车行驶缓慢或者交通状况不佳时，表现出常态性的高频度鸣笛、闪灯行为，不仅容易引发其他驾驶人的紧张或愤怒情绪，更给双方带来极大安全隐患，对道路上的其他车辆造成危险。

典型案例

地点： 福建福州　　　　**时间：** 2015年11月11日

2015年11月11日上午6时27分许，福州北二环路世纪长冠大酒店前，龙腰高架桥下桥处，一辆白色轿车，跟在一辆灰色轿车后。随后，白色轿车迅速从左侧变道超车，并绕到灰色轿车的前方。成功超车后，白色轿车突然减速并连续两次紧急制动，幸好灰色轿车及时制动，没有发生追尾事故。灰色轿车换到另一条车道，正准备超车时，白色轿车又突然追上来别车，撞上灰色轿车后仍不罢休，直到灰色轿车撞上护栏，两车才停下。

灰色轿车驾驶人林某称其驾车辆驶上龙腰高架桥时，跟在后面的白色轿车就不断鸣笛、变换远近光灯催促，他没有理会，继续保持50km/h左右的速度行驶。因为当天下雨，路面湿滑，林某下高架桥时制动减速，不料更是激怒了白色轿车驾驶人。白色轿车随后强行超车，并绕到林某车辆前面减速并紧急制动。

民警表示，白色轿车驾驶高某涉嫌故意毁坏财物罪，已被警方采取刑事强制措施。

案例点评

在很多驾驶人看来，鸣声笛、闪下灯是一件很轻松的事儿，但是没有意识到这也是一种攻击性驾驶行为，会引起别人的反感和愤怒，更给双方驾驶带来严重安全隐患。

安全小链接

在美国，鸣笛是一件非常不平常的事，除非遇到危险、恶意挑衅或欲下车争执，其他时候驾驶人只打手势很少鸣笛。在我国，很多城市也规定在市内禁止鸣笛。每个驾驶人都应从自身做起，注意行车过程中的点点滴滴，共同营造出一个安全和谐的交通环境。

6 下车争执甚至大打出手

很多驾驶人开车存在以自我为中心的攻击性驾驶行为，当感觉自己被侵犯或受到挑衅时，有教训或报复他人的心理，指责、怒骂、下车争执甚至大打出手。

典型案例

地点： 广东中山　　**时间：** 2016年7月28日

2016年7月28日17时30分许，赵某驾驶粤S牌号小汽车至小榄镇民安南路与小榄工业大道交汇处红绿灯时，因越实线变道与彭某驾驶的粤T牌号小汽车发生碰撞。随后，赵某下车跳上粤T牌号小汽车的发动机舱盖引发双方争吵、扭打，彭某持汽车方向盘锁殴打赵某的右下颚及腰部。为泄愤，赵某返回粤S牌号小汽车，驾车驶出路口后调头逆行，连续撞击粤T牌号小汽车车头致该车受损，二人随后再次下车打斗。不久，赵某报警并留在现场等候公安人员处理，并如实供述其罪行。赵某因涉嫌寻衅滋事罪，被中山警方刑事拘留。

中山市第二人民法院认为，赵某无视国家法律，任意毁损公私财物，情节严重，其行为已构成寻衅滋事罪，判处其有期徒刑8个月。

案例点评

有的驾驶人开车时情绪容易失控，一点堵车或碰擦就有动手的冲动，将违法行为作为发泄情绪的出口，不能清楚认识到自己的行为已构成寻衅滋事罪，更没有意识到违法犯罪行为所导致的严重后果。

安全小链接

有些驾驶人脾气火爆，遇到其他驾驶人别车、抢道、追尾、碰撞等情况，就会火冒三丈。其实在路上和别人争执，不仅不能有效解决问题，还会让双方的不良情绪加深，甚至加剧矛盾，引发暴力冲突。这种情况下冷静处理，反而更有利于事情的解决。

7 故意制造碰撞事故

严重的路怒行为通常伴随着使用车辆作为实施威胁或报复的工具。如强行变道故意碰擦对方车辆，制造交通事故，这种情况属于主观故意并非出于过失，因此此类情况不属于交通事故处理的范畴，往往后果更加严重，甚至会触犯刑法。

典型案例

地点： 天津市　　**时间：** 2016年4月29日

2016年4月29日下午，杨某驾驶629路公交车拉载30余名乘客，沿天津市津南区津沽公路南侧由西向东行驶至辛庄镇路段中辛庄车站进站上下乘客时，李某驾驶的652路公交车拉载40余名乘客在其左前方违规超车进站停车，阻碍杨某所驾公交车出站，遂引起杨某不满。

随后两人分别驾车行驶至津沽公路与鑫盛路交口，在并排等候红灯时，杨某打开车门与李某发生口角，相互辱骂。待绿灯亮起后，两人驾车继续前行通过鑫盛路口，杨某为报复泄愤，强行变更车道，故意阻碍李某的车辆通行。李某见状，故意加速前进，致使李某所驾652路公交车左侧与杨某所驾629路公交车的右侧相撞。

事故造成杨某所驾629路公交车右侧前后视镜、右侧多块玻璃等处破损，李某所驾652路公交车前风窗玻璃、左侧前后视镜等处破损及车内部分乘客不同程度损伤的交通事故。

法院认为，杨某、李某为报复泄愤，不计后果，以强行变道、故意加速，以造成两辆公交车相撞的方式危害公共安全，虽然尚未造成严重后果，但其行为均已构成以危险方法危害公共安全罪。据此，依据《中华人民共和国刑法》，分别判处有期徒刑3年6个月。

案例点评

作为公交车驾驶人，杨某、李某法律意识淡薄，没有顾忌道路行人安全和车内乘客的安危，采用故意实施车辆碰撞事故的方式发泄个人愤怒情绪，导致多名乘客受伤和车辆损坏，严重危害了公共安全。

安全小链接

故意制造碰撞事故轻则涉嫌破坏公私财物罪、寻衅滋事罪，重则涉嫌危险驾驶罪、危害公共安全罪。因受工作压力、生活压力或职业环境等影响，公交车、出租车、长途客运车、大货车等职业驾驶人的路怒倾向相对较高，职业驾驶人应多接受企业开展的安全培训和法制教育。

测一测：是什么让您“愤怒”？

请在下列驾驶行为中，选择最可能激怒您的一项：

- □强行加塞
- □违反交通标志
- □故意占用空间
- □频繁变更车道
- □故意阻挡他人线路
- □滥用远光灯
- □新手开车不懂规则
- □下车挑衅、争执
- □占用应急车道行驶
- □闯红灯
- □乱鸣笛、频繁闪灯
- □跟车距离过近
- □超速或加速通过
- □恶意言语或手势
- □路遇拥堵或路况不佳
- □开车投掷物品袭击车辆

应当认识到，会激怒您的攻击性驾驶行为也同样会激怒别人，因此要推己及人，学着考虑别人的感受，尽量不做这样的行为，同时保持宽容的心态和舒畅的心情。

三 为什么会产生愤怒驾驶行为

您在日常生活中是否有过这样的经历？一位平时温文尔雅、懂礼貌守规矩的好朋友，一到开车的时候就像变了一个人，狂躁易怒且脏话不断。到底是什么引发了这样的变化，进而诱发愤怒驾驶行为呢？

1 驾驶人自身心理情绪波动

当驾驶人并没有受到太多外界干扰的时候，心理情绪也会出现波动，诱发愤怒驾驶行为，这样纯粹的心理波动一定程度上源于驾驶途中的紧张和疲劳，是一种情绪控制障碍和冲动控制障碍的体现。

根据中国社会科学院此前进行的一项调研，近一半受访者表示“堵车或者路况不佳”是愤怒驾驶行为发生的原因。这是因为大多数驾驶人即使完全没有赶时间的需要，仍会给自己设定一个预期时间，规定自己在一定时间内到达目的地。每当面临堵车或者路况不佳时，这种心理往往就会引发驾驶情绪上的波动，最常见的就是产生愤怒情绪。

另一方面，他人正当的驾驶行为也会诱发驾驶人心理波动。这是由于路怒驾驶人在驾驶过程中，经常会将其他驾驶人的行为理解成有意冒犯，觉得自身应该充当“义务警察”的角色去教育他人，进而刺激自身及其他驾驶人的情绪，导致双方驾驶人做出非理性的举动，造成人员伤亡和车辆损毁。

2 受他人不当驾驶行为刺激

交通环境是一个高度交互的整体，驾驶人身处其中势必与其他驾驶人及其驾驶行为产生联系。每当驾驶人遭遇他人不当驾驶行为时，自身情绪心理波动尤为明显，引发愤怒驾驶行为的可能性也越大。

中国社会科学院调研显示，分别有39.8%、29.7%以及22.9%的受访者认为“受别人违章影响”“受别人加塞或者超车影响”以及“受新人不懂驾驶规则影响”是愤怒驾驶行为产生的原因。

“受别人违章影响”及“受新人不懂驾驶规则影响”因素是源自一种驾驶心态：即使别人的违法或不规矩驾驶行为没有影响到自己，也会产生一种嫌恶情绪。

“受别人加塞或者超车影响”因素源自驾驶中的竞争心理，即驾驶车辆超过别人就开心，被别人超过则懊恼，所以每当有别的车辆意欲加塞或者超车时，其本能反应是加速跟上去。

这些心理在复杂的道路状况下极易发生，因而攻击性驾驶行为的发生频率也越来越高。

此外，客观交通环境也会诱发愤怒驾驶行为。交通状况的不可预测性以及对他人驾驶行为的频繁判断在不断消耗个人的反应体能和精力，当主观反应能力不能满足客观需求时，驾驶人易产生紧张反应，长时间处于这样的压力下，若驾驶人又缺乏自我调节和适应能力，就容易实施愤怒驾驶行为。

统计数据表明，2015年1—11月，全国发生强行变更车道、强行超车、违法抢行、强行违法占道行驶和不按规定让行等攻击性驾驶违法行为近1733万起，同比上升2.8%。综合近5

年的数据，上述违法行为在每年7月、8月、10月发生的次数较多，其中，2015年7月发生195万起、8月发生184万起、10月发生191万起。

另外，根据网络调查问卷的调查结果，在25～30岁和36～40岁这两个年龄段中，产生路怒症的人所占比例较高，均在63%左右，其他年龄段均在50%左右。另外，50岁以上的老年人对路怒行为比较宽容，接近20%的50岁以上老人表示可以包容路怒行为；容忍度最低的是31～35 岁年龄段群体，该年龄段人群中只有5%的人认为可以不受路怒行为的影响。

同一调查结果显示，根据驾驶人的反馈，产生路怒的原因中居前4位的是：他人违章、路况、天气和心情。其中因他人违章驾驶产生路怒的占84.6%，因路况不佳（如堵车或修路灯）产生路怒的占73.2%，因天气而受影响产生路怒的占40.5%。

四 如何避免攻击性驾驶或愤怒驾驶

国内学者曾对攻击性驾驶的行为进行分析，认为攻击性驾驶具备动机的恶意性、行为对象的指向性和结果的伤害性。驾驶人所有的愤怒驾驶行为都具有恶意的目的或动机，在发生攻击行为时，都是指向其他对象（包括他人或财物），并会对行为对象造成心理、精神上的伤害。因此，避免攻击性驾驶，要从以下三方面入手。

1 提升驾驶技巧，避免主动诱发冲突

双方驾驶人的情绪波动通常来自驾驶行为冲突，因而可以通过适当的驾驶技巧减少此类冲突。在行车过程中，驾驶人应尽量避免以下行为的出现：

1 避免强行变道

换道之前确保有足够空间并且提前开启转向灯。当出现驾驶失误时，通过手势向其他驾驶人致歉。如果其他驾驶人换道，给他们留出足够的空间。

2 避免紧跟前车

当后方车辆跟车过近时，前方车辆驾驶人会变得紧张易怒。行驶过程中，后车驾驶人应与前车保持足够的安全跟车距离。当前车速度较低但不具备超车条件时，应该预留更长的跟车距离，以便在前车出现异常情况时，具有足够的反应时间。前车驾驶人在后视镜中应该能够看到后车的前照灯，如果后车

跟车过近时，示意其超车先行。

3 避免恶意手势和信号

恶意手势是最能激怒其他驾驶人的恶劣行为。驾驶过程中，驾驶人应保持双手紧握转向盘，避免做出激怒其他驾驶人的手势，尽量少鸣笛，不与其他驾驶人抢夺停车位。

2 谨慎驾驶，避免被动涉及冲突

单独一方愤怒的驾驶人不可能引发交通冲突。依据调查，26.6%的受访者表示，“即使他人不当驾驶行为没有影响到自己，但自己仍然会抑制不住的愤怒”。愤怒驾驶人的心理波动是多种条件共同作用的结果，比如驾驶人的素质不高、驾驶人情绪管理失控、车内环境或者天气较差等。在驾驶时，驾驶人需要尽量克制情绪，不激怒其他具有潜在愤怒驾驶行为的驾驶人，即不被动涉及攻击性行为。

1 谨慎驾驶

留给愤怒驾驶人足够的空间。具有潜在愤怒驾驶行为的驾驶人可能会蛇形前行，极易引发交通事故，其他驾驶人应该保持足够的距离，并尽快驶离，不要采取任何过激的行为。面对无理加塞时，应当稍微往右打一点方向，并跟紧前车，但不能贴太近，防止与其他车辆剐擦。另外，可以保持行驶在车道中央以及偏左车道，可以减少被加塞的可能。

2 避免眼神交流

如果其他驾驶人具有愤怒驾驶行为，尽量不与其有眼神交流。长时间目视愤怒驾驶人，可能会引起愤怒驾驶人更进一步的过激行为，造成严重后果。

3 及时寻求帮助

如果确认驾驶人跟随且具有愤怒驾驶行为，应拨打电话报

警求助，并鸣笛引起其他人的注意，不要轻易下车。

3 提升情绪自控能力

提升情绪的自我掌控能力是有效避免攻击性驾驶的关键途径。大多数驾驶人可以通过自我调节避免愤怒驾驶行为。行车过程中，一定要学会管理情绪，正视自己的不良情绪，学会调整自己的情绪和心态。

1 调控情绪

驾驶过程中应调节控制好自己的情绪，避免不良情绪干扰。心情过于激动时不宜驾车，正在发火或者情绪沮丧都会影响驾驶安全，不宜驾车。情绪不好时要学会自我减压，转移驾驶注意力，可以听听广播或音乐，调节不良情绪。在堵车时，驾驶人可以舒展一下身体、简单按摩头部、颈部，缓解疲劳。

2 换位思考

别人超车、变更车道，或许是有急事而并非有意挑衅；车速太低，或许驾驶人是新手，还没完全适应路面状况。驾驶人要试着换位思考，站在别人的角度多替别人想想，就不会那么纠结，情绪自然不会焦躁，也会有益于驾驶安全。

3 准备充裕

时间紧迫易导致驾驶情绪紧张。提倡提早出门，留有宽裕时间，换来平和心态；出门前检查是否带齐行李物品，避免忘带而影响心情；充分考虑所行路线，避免路况不好、车流拥挤的路段，并掌握应急变通的路线，以保障驾驶人应急处置时不慌乱。

4 注意休息

疲劳驾驶时通常情绪不佳，会出现身体不适、精力不集中、反应迟钝、考虑不周全、精神恍惚、瞬间记忆消失等现象，增加操作失误的可能性，容易引发其他潜在路怒驾驶人的愤怒行为。因此驾驶人感到疲劳时应及时驶离道路，停到安全地带休息，待疲劳缓解后再继续驾驶车辆。

5 生活调节

生活有规律，正常作息；加强体育锻炼和户外运动，释放

和宣泄积压的不良情绪；多与亲朋好友沟通，排解生活和工作烦恼；多补充维生素和水分，多吃清淡食物，避免暴饮暴食。

6 改善环境

通过改变车内环境来进行情绪管控，也是效果不错的处理方式。比如在车内悬挂温馨但不遮挡视线的挂件，可以用卡通形象或者家人合照，营造舒适温馨环境；还可以通过调节车内气温，创造舒适体感温度，舒缓心情。

测一测：您如何在驾驶时调节情绪?

当您在驾驶时注意到自己已经产生愤怒情绪，会选择以下哪些方式让自己平静下来?

□听广播

□听音乐

□开窗通风

□在安全的地方停下来暂时休息

□营造舒适的车内环境

□换位思考，体谅对方

□出发前做好充足准备

驾驶中，宣泄愤怒和攻击性情绪，无助于情绪调节和行车安全，在任何时候都不应该将宣泄作为调节方法。

五 相关法律解读

在我国法律体系中，以下类型的攻击性驾驶行为可能涉及多项违法犯罪。

1 交通违法行为：未按规定变更车道

行为解读：驾驶人违法变更车道，例如驾驶人从左侧第二个车道违法连续变换两个车道，且变更车道时未与变更后车道的来车保持安全距离，造成其他驾驶人所驾驶车辆紧急制动，影响其正常行驶，其行为涉嫌构成未按规定变更车道的交通违法行为。

法律解读：根据《道路交通安全法》第二十二条、《道路交通安全法实施条例》第四十四条第二款和部分地方性法规，涉嫌构成未按规定变更车道的交通违法行为，应按照《道路交通安全法》第九十条规定，可处警告或者20元以上200元以下罚款。

2 交通违法行为：违反禁止标线指示行车规定

行为解读：驾驶人在变更车道的过程中跨越白色实线，涉嫌构成违反禁止标线的指示行车的交通违法行为。

法律解读：根据国家强制标准《道路交通标志和标线 第3部分：道路交通标线》（GB 5768.3—2009）的规定，白色实线是禁止跨越同向车行道分界线的禁止标线，车辆不得跨越车行道分界线变换车道和借道超车。根据《道路交通安全法》第九十条的规定，可处警告或者20元以上200元以下罚款。根据《机动车驾驶证申领和使用规定》附件4《道路交通安全违法行为记分分值》规定，违反禁止标线指示的一次记3分。

3 治安违法行为：故意别车、追逐他人等构成寻衅滋事

行为解读： 驾驶人在行驶过程中与其他车辆发生冲突，采取针锋相对的方式进行情绪发泄、恶意报复，包含故意别车、追逐他人、频繁闪灯鸣笛催促等行为，涉嫌构成寻衅滋事违法行为。

法律解读： 根据我国《治安管理处罚法》第二十六条的规定，寻衅滋事违法行为视情节严重程度，处10日以上15日以下拘留，并处1000元罚款。另外，追逐竞驶情节恶劣的可以危险驾驶罪论处。

4 危险驾驶罪

从总体来看，情节恶劣的攻击性驾驶可被归为“危险驾驶”一类。2011年5月1日起实施的《刑法修正案（八）》将追逐竞驶情节恶劣的行为入刑。此后，2015年11月1日起实施的《刑法修正案（九）》（以下简称《刑九》）对《刑法》第133条之一规定的危险驾驶罪进行了补充完善，规定在道路上驾驶机动车从事校车业务或者旅客运输，严重超过额定乘员载客或者严重超过规定时速行驶的行为和在道路上驾驶机动车违反危险化学品安全管理规定运输危险化学品，危及公共安全的行为纳入危险驾驶罪。

另一方面，犯罪主体范围扩大。《刑九》规定，机动车所有人、管理人对严重超员、严重超速和违反规定运输危险化学品的行为负有直接责任的依照危险驾驶罪定罪处罚。性质由行政违法行为改为刑事犯罪，处罚也随之改变，即过去是罚款、记分，现在则是拘役。

小链接

关于攻击性或路怒驾驶的外国法律

（一）美国

美国11个州陆续在立法中明令禁止“攻击性驾驶”行为，违法者构成轻罪。例如，特拉华州《机动车与交通法》规定，驾驶人在驾驶过程中有以下至少三种行为的，构成攻击性驾驶：违反交通信号、右侧超车、道外驾驶、未保持安全距离驾驶、不按规则变道或不安全变道、不按规定让行、不遵守信号灯、不按规定停车、超速。对初犯驾驶人处以100~200美元的罚款，或者10~30日的监禁，或并罚。如果再犯，则处以300~1000美元罚款，或30~60日监禁，或并罚；同时并处暂扣驾驶证30日的行政处罚。

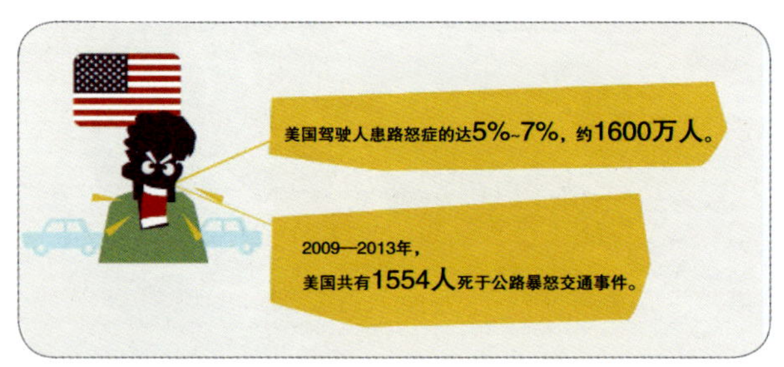

在那些没有明确规定愤怒驾驶行为的州，则将这类不安全驾驶行为纳入“鲁莽驾驶”行为(Reckless Driving)。例如纽约州《车辆与安全法》规定，鲁莽驾驶是指“驾驶或者使用汽车、摩托车或其他动力车辆或装置，不合理地阻碍其他道路使用者自由、合理地使用公共道路，或者对其他道路使用者造成不合理的威胁的行为。禁止鲁莽驾驶的行为，违者构成轻罪。”而对于道路交通过程中因愤怒或急躁驾驶车辆撞击或拔枪射击等更严重的马路暴力行为(Road Rage)，通常会被起诉为故意伤害类犯罪(Assault and Battery)；如果造成了他人死亡，则可能构成驾驶机动车谋杀罪(Vehicle Homicide)。

（二）英国

英国出台了新的法律以制止攻击性驾驶行为，警察有权在现场对不顾他人的驾驶人处以100英镑的罚款。

（三）德国

德国刑事诉讼法规定，如果驾驶人对其他道路交通参与者恶语相加，甚至做出不雅动作，涉嫌构成侮辱罪，可被处罚金或两年以下监禁。

（四）新西兰

新西兰于1961年通过的《犯罪行为》中有明确规定，驾驶车辆的驾驶人有责任去保护其他公民的安全，一旦驾驶人没有很好地履行这个职责就会被认定为“非法妨碍”的犯罪行为，最长监禁会达到7年。

（五）澳大利亚

澳大利亚新南威尔士州将“路怒症”认定为一种极端行

为，只要一个人在狂追猛赶另一名驾驶人或者对其他驾驶人表现出恐吓或威胁，该驾驶人的行为就会被界定为“掠夺性驾驶”，最长监禁达到5年，并有可能面临10万澳元的罚款。

测一测：愤怒驾驶可能违反哪些法律?

请将以下危险驾驶行为与其可能违反的法律连起来：

未按规定变更车道 □	
拦截并辱骂其他驾驶人□	□《道路交通安全法》
停车打架斗殴 □	
	□《治安管理处罚法》
违反禁止标线指示行车□	
未按规定超车、让行 □	□《刑法》
追逐竞驶 □	

愤怒驾驶可能升级引发违法犯罪行为，害人害己，驾驶时切莫因一时愤怒而做出冲动的行为，以免锒铛入狱时追悔莫及。